질문하는 정치 사전

질문 ❓ 하는 사전 시리즈 ⑤

하승우 글

질문하는 정치 사전

김윤정 그림

풀빛

민주주의를 위한
시민들의 '정치'

어른들은 정치인이 싫다고 투덜거리면서도 맨날 정치이야기를 합니다. 왜 그럴까요? 정치가 없어지면 세상이 조용해질 것 같지만 아무도 결정을 내리지 않으면 사회가 멈춰 버릴지도 모릅니다. 정치는 중요한 결정을 내리는 과정이니까요.

《질문하는 정치 사전》은 정치에 관한 궁금증을 푸는 데 도움을 줄 겁니다. 낯선 낱말들이 어려울 수 있지만 정치의 기본 원리와 제도가 만들어진 배경, 중요한 직위, 정치가 필요한 영역, 시민 참여와 정치에 관한 설명이 담겨 있습니다.

차별받지 않고 행복하고 건강하게 살아 가려면 정치가 중요합니다. 정치는 혼자서는 해결하기 어려운 일을 여러 사람이 함께 해결하는 과정이니까요. 복지, 교육, 경제 등 살아 가는 거의 모든 문제에 정치가 필요합니다.

심각한 전염병이 돌면 정부는 어떤 대책을 세워야 할까요? 갑자기 기온이 너무 덥거나 춥거나 비가 많이 오면 시민들은 무엇을 준비해야 할까요? 물가가 계속 오르면 가난한 사람들은 어떻게 살아야 할까요? 정치는 이런 질문들에 대한 답을 찾아 가는 과정입니다.

그리고 민주주의는 그 해결 과정에 누구라도 참여할 수 있도록 보장합니다. 내가 관심을 가진 일에는 직접 참여해 목소리를 내고 함께 결정을 내려야 만족스럽고 책임감도 생기니까요.

어린이들은 민주 시민으로서 중요한 역할을 맡을 수 있습니다. 어떤 일을 할 수 있는지 함께 알아 볼까요?

하승우

차례

정치가 궁금해? …… 8

정치란 무엇일까? …… 10
모두의 의견을 들을 수 있을까? …… 14
다수의 결정이 무조건 옳을까? …… 18
대표자는 어떻게 뽑지? …… 22
시민이란 누구일까? …… 26

대한민국은 민주 공화국 …… 30

민주주의는 자유와 평등이 중요하다고? …… 32
정부란 무엇일까? …… 36
나라에서 가장 힘이 센 사람은? …… 40
법은 누가 만들지? …… 44

정치를 하는 사람들 …… 48

대통령이 대장일까? …… 50

국회가 대통령을 몰아낼 수 있다고? …… 54
지방 자치 단체가 뭘까? …… 58
정치인이 아니어도 정치를 한다고? …… 62

더 나은 삶을 위한 정치 …… 66

군대는 왜 필요하지? …… 68
다른 나라와 갈등이 생기면? …… 72
정치가 경제를 움직인다고? …… 76
시장 질서는 누가 지킬까? …… 80

참여하는 정치 …… 84

시위는 나쁜 걸까? …… 86
우리 동네일에 참여할 수 있을까? …… 90
기후 위기를 막는 일도 정치라고? …… 94
어린이는 정치를 못 한다고? …… 98

정치는 복잡하고
골치 아픈 어른들의 일이라고?
아니야.
초등학생의 생활에도 정치가 영향을 미쳐.

**정치는
공동체에서 생활하는 모든 사람에게
영향을 미치는 일이야.**

학교나 도서관을 세우고, 통학로를 안전하게 만들고,
학용품이나 장난감에 들어간 화학 약품을 줄이고,
불량 식품을 없애는 결정들이 바로 정치야.

다른 나라와 전쟁을 할지 협상을 할지,
노인과 장애인, 가난한 사람들을 어떻게 돌볼지,
집 없는 사람들이 살 곳을 어떻게 마련할지, 이런 결정들도 정치야.

작게는 학교와 마을에서,
크게는 한국과 전 세계에서 수많은 결정들을
내리는 일이 정치란다.

정치를 좋아하든 싫어하든
정치는 우리 삶에 직접적인 영향을 끼치기에
우리는 정치의 영향에서 벗어날 수 없어.

**정치적인 결정은 영향을 미치는 범위에 따라
지역, 국가, 지구로 나뉠 수 있고,
대상에 따라 경제, 문화, 교육, 복지 등으로
나뉠 수도 있어.**

정치적인 결정은 정치인이나 공무원들이 내리지만
시민들이 선거로 정치인을 선출하기 때문에
시민들의 판단도 중요해.

판단을 하려면 결정에 필요한 여러 정보들을 찾고
고민도 해야 하니 어렵고 귀찮을 수 있지.

**하지만 시민들이 정치에 무관심해지면
소수의 사람들이 자신들의 이익을 위해
권력을 사용할지도 몰라.**

**우리 생활에
많은 영향을 미치는 정치,
시민이 어떻게, 얼마나
참여할 수 있을까?**

정치란 무엇일까?

정치는 함께 중요한 결정을
내리는 과정이야. 결정을 내릴 때
어떠한 고민들이 필요할까?

정치는 시민 모두의 삶에 영향을 미치는
크고 작은 결정들을 내리는 일이야.

다른 나라와 조약(국가들이 서로
지키기로 한 법)을 맺거나

전쟁을 벌이는 큰 결정부터
마을에 다리를 놓고 놀이터를 만드는
작은 결정까지

시민들이 합의해야 할 많은 일들이 있거든.

중요한 결정이니 몇몇 사람들이 마음대로 결정하면 안 되겠지.

전문가나 시민들의 의견도 듣고 설명도 하고 토론하면서 결정해야 해.

예를 들면, 학교 운동장에 잔디를 깔지, 인조 잔디를 깔지, 아니면 모래를 깔지를 어떻게 결정하면 좋을까?

인조 잔디나 모래와 관련된 전문가 의견도 듣고,

운동장에서 뛰어놀 학생과
선생님, 학부모들의 의견도 듣고,

공사에 들어갈 돈이나
공사에 필요한 시간도 따져 보고,

어떤 기업이 공사를 맡을지도
결정해야 해.

그래야 가능한 한 많은 사람의
마음에 들도록 결정을 내릴 수 있어.
그런 결정을 내리는 과정이 바로 정치야.

모두의 의견을
들을 수 있을까?

열 명 정도 되는 집단이면 몰라도,
수천, 수만, 수백만 명이 사는 집단에서
모두의 의견을 들을 수 있을까?

중요한 결정을 내리는 정치에
누가 참여하면 좋을까?

그 결정에 영향을 받는 사람들이
모두 참여하면 좋겠지만
그 수가 수백만 명이라면?

그 많은 사람들 의견이 하나로 모이지 않고
각자 다르면 어떡하지?

이처럼 수많은 사람이
서로 의견이 달라 갈등하고 있을 때,
이런 갈등을 해결하는 것도 정치의 역할이야.

예를 들면, 공공 병원을 세워야 하는데 각자가 자기 사는 곳에 세워야 한다고 주장하면 어떻게 결정해야 할까?

각 지역에 공공 병원이 필요한 이유를 들어 보고 상대방의 의견을 따를 수 있으면 합의하면 될 거야.

그렇지 않으면 이번은 이 지역에 먼저 세우고, 다음번엔 다른 지역에 세우기로 합의할 수도 있겠지.

이것도 저것도 아니고, 서로 의견이 너무 다르면 투표를 해서 가장 많은 표를 받은 지역에 병원을 세울 수도 있어.

각자 원하는 바가 다를 때
상대방 이야기를 충분히 듣도록 하는 것,

서로의 의견을 적절히 모아
대안을 만드는 것,

이렇게 다른 의견을 조정해서
갈등이 해결되거나 줄어들도록
결정을 내리는 것도
정치가 맡아야 할 중요한 역할이야.

물론 이것은 '시민이 주인인 민주주의를
따르는 나라'에서 누구라도 안전하게
자기 의견을 얘기할 수 있을 때
가능한 일이지만 말이야.

다수의 결정이 무조건 옳을까?

소수자는 단지
수가 적은 사람들을 가리키지 않아.
그럼 어떤 사람들을 소수자라고 부를까?

소수자는 사회에서 제대로
자기 목소리를 낼 수 없는 사람들이야.

소수자는 여성처럼 다수의 사람일 수 있고,
장애인, 노인, 청소년, 아동 등도
소수자로 불려.

서로 의견이 다를 때 많이 쓰는 방법이
다수결이야. 투표를 해서 가장 많은 사람들이
찬성하는 결정을 따르는 것이지.

하지만 무조건 다수의 결정이 좋을까?
아니, 그렇지 않아. 그래서 소수의 의견을
충분히 들어 보는 게 중요해.

소수 의견을 가진 사람들이
다수를 설득할 수 있도록
더 많은 기회를 주는 것이 민주주의야.

같은 의견을 가진 사람보다는
다른 의견을 가진 사람에게
먼저 말할 기회를 주는 거지.

소수의 사람들이 인류 역사를
발전시키기도 했어. 여성이나 흑인의
투표권이나 과학 기술의 발명은
소수 의견에서 많이 시작했으니까.

그러니 다수의 합의를 만드는 것만큼
소수의 반대를 잘 수용하는 게 중요해.

예를 들어, 기업주와 노동자를 비교하면
소수자는 노동자이고,

남성과 여성을 비교하면 소수자는 여성,
성인과 어린이를 비교하면 어린이가 약자야.

소수자는 차별을 받기 쉬워서
법으로 보호받을 필요가 있어.

그렇게 해야 법이 시민의 권리를
제대로 지켜 줄 수 있어.
법은 힘을 가진 사람이 아니라
힘이 없는 사람을 위해 존재하는 것이니까.

대표자는 어떻게 뽑지?

공동체가 커질수록 사람들이 모두 모여서 토론하고 결정을 내리는 게 쉽지 않으니 그런 결정을 내리고 대신에 책임도 질 사람들을 뽑기도 해.

시민이 주인인 현대의 민주주의 나라에서는 시민들이 투표하는 선거를 통해 뽑힌 정치인들이 그런 일을 해.

그리고 정치인들이 중요한 결정을 잘 내릴 수 있도록 대안을 마련하고 지원하는 조직을 정당이라고 불러.

시민들은 시민의 안전과 행복을 보장하지 못하는 정치인과 정당에 대해서는 책임을 묻고 결정할 권한을 빼앗아.

정해진 임기가 끝나기 전에 국민 투표를 통해 정치인을 자리에서 끌어내릴 수 있는 국민 소환제 같은 것을 통해서 말이야.

시민의 안전과 행복을 보장하지 못한
정치인과 정당은 다음 선거에서 시민들의 표를
얻지 못하고, 시민의 대표가 되지 못해.

그래서 정치인들은
시민들이 직접 투표하는 선거로 뽑혀.

나라마다 선거 방식은 달라.
어떤 나라는 사람에게 투표하고
어떤 나라는 정당에게 투표해.
한국은 사람과 정당에게 한 표씩 투표해.

시민의 대표는 어떤 사람을 뽑으면 좋을까?
똑똑한 사람? 잘생긴 사람?
돈 많은 사람? 친구가 많은 사람?

그런 것도 좋지만 모두를 위한 결정이니 다른 사람의 이야기를 잘 듣는 사람이어야 하겠지.

힘 있고 부자고 잘난 사람만 뽑으면 그들만 계속 뽑힐 수도 있고, 그러다 보면 권력이 부패할 수도 있어.

그래서 누구라도 정치의 책임을 맡을 수 있도록 추첨을 하기도 해. 예를 들어, 동네의 크고 작은 일을 맡는 주민 자치 위원은 추첨으로 뽑히기도 해.

그런데 만약에 대표를 잘못 뽑으면 어떻게 될까? 의견이 다른 사람들의 갈등은 누가 조절할까? 부자와 가난한 사람들의 격차는 줄어들 수 있을까? 나라의 힘이 약해지면 외국은 가만히 있을까?

시민이란 누구일까?

보통 시민(市民)은
도시에 사는 사람들을 말해.
그럼 농촌에 사는 농민은 시민이 아닐까?

예전에 도시는 왕이나 귀족들의
영향력에서 자유로운 곳이었고,
시민은 자유로운 사람을 뜻하는 말이었어.

자유롭고 평등한 시민이라는 말이
등장하기 전에는 왕이나 귀족같은 신분이
사람들을 지배했어.

그러다 시장이 서는 도시를 중심으로
기술을 가진 장인과 재산을 가진
상인들이 모여 살기 시작했어.

재산도 있고 기술도 있으니 도시인들은
왕과 귀족의 말을 잘 듣지 않기 시작했지.
그러니 왕들이 시민을 좋아했을까?

그래서 때론 왕의 군대와 도시민들이 전쟁을 벌이기도 했어. 빌헬름 텔의 사과 이야기 들어 봤지? 오스트리아가 스위스의 도시를 침략한 이야기야.

1789년 프랑스 대혁명은 이런 갈등이 폭발한 사건이었고, 혁명은 귀족의 특권을 폐지하고 인권 선언을 발표했어.

1789년 8월 26일, 프랑스 인권 선언은 '인간은 자유롭고 평등하게 태어나서 생활할 권리를 가진다.'라는 인간과 시민의 권리를 선언했어.

1791년 9월에는 왕도 헌법에 따라 권리를 행사하고 선거를 통해 의회를 구성한다는 프랑스 헌법이 제정됐어.

그러면서 시민이라는 말은
단순히 도시의 주민이 아니게 되었어.

시민은 자유와 평등이라는
가치를 실현하며 서로 연대하고

인간으로서의 권리를 함께 지키는
사람이라는 뜻을 가지게 되었어.

우리가 지금 누리는 자유는
전 세계의 시민들이 싸운 결과야.

대한민국은 민주 공화국

**헌법은
다른 모든 법률을 해석하는
기준이 되는 법이야.**

**대한민국 헌법 제 1조는 이렇게 시작해.
1항 대한민국은 민주 공화국이다.
2항 대한민국의 주권은 국민에게 있고,
모든 권력은 국민으로부터 나온다.**

**주권은 한 나라에서
최고의 권력을 가리키는 말로,**
그것이 국민에게 있다는 것은 국민 없는 나라는 있을 수 없다는 뜻이지.
한마디로 **국민이 나라의 가장 중요한 기둥**이라는 뜻이야.

그리고 모든 권력이 국민으로부터 나온다는 말은
어떠한 결정이든 반드시 국민의 동의를 받아야 한다는 뜻이야.
이를 '국민 주권의 원리'라고 해.

그러니 헌법 제1조에 담긴 민주주의는
**국민의 동의를 받은
권력만이 정당하다**는 점을 의미해.

대한민국이
민주 공화국이라는 말은
시민에게 권력이 있고 시민이 나랏일에 참여하며
권력을 행사한다는 뜻이지.

그런데 대한민국의 인구가 5천만 명을 넘는데
그 많은 시민들이 어떻게 정치에 참여할 수 있을까?

모든 사람이 다 참여할 수 없기에
앞서 말했던 정치인과 정당
그리고 대통령이 필요해.

국회 의원, 교육감, 지방 의원, 군수, 시장, 도지사, 대통령은
시민이 선거로 뽑아.
그리고 공무원은 공동체의 이익을 우선으로 정책을 집행해.

민주주의는 자유와 평등이 중요하다고?

아무리 권력이 시민에게 있더라도
정치인들에게 많은 결정 권한이 있으니
문제가 생길 수 있어. 그래서 이런 일이
없도록 조절하는 민주주의가 필요해.

민주주의는 정치에서
결정을 내리는 방식 중 하나야.
민주주의 말고 뭐가 있냐고?

왕이 혼자 결정을 내리는 왕정,
여러 명의 귀족들이 결정을 내리는 귀족정,
왕이 없는데도 혼자 결정을 내리는
독재가 있어.

왕이 없는데도 소수의 사람들이
결정을 도맡는 과두정도 있지.

민주주의는 가능한 한 그 결정에
영향을 받는 많은 사람의 의견을 듣고
여러 대안을 검토한 후에 결정을 내리도록 해.

민주주의는 시민들이
직접 권력을 행사하는 직접 민주주의와
시민들이 선출한 대표들이
권력을 행사하는 간접 민주주의로 나뉘어.

그렇지만 어떤 민주주의든 민주주의를
이루기 위해 꼭 지켜야 할 기본 가치가 있어.
바로 인간의 '자유'와 '평등'이야.
자유와 평등은 서로 뗄 수 없는 밀접한 관계야.

평등이 없는 자유는 어떨까?
누구나 마음대로 할 수 있으면 힘센 사람들이
유리하겠지. 자유 없는 평등은 어떨까?
모두가 똑같으면 개성과 다양성이 사라질 거야.

자유란 구체적으로 무엇일까?
널리 알려진 자유 중 하나는 '표현의 자유'야.
정부의 간섭을 받지 않고 자신의 생각을
표현할 수 있는 자유지.

하지만 폭력을 선동하거나 타인을 공격하는 혐오 표현은 다른 사람의 자유를 침해하기 때문에 금지돼. 이처럼 자유는 다른 사람의 자유를 존중할 때 보장받을 수 있어.

평등은 구체적으로 어떤 것일까? 널리 알려진 평등 중 하나는 '법 앞의 평등'이야. 누구도 성별이나 종교, 피부색, 가난과 같은 조건 때문에 차별받아서는 안 돼.

그러나 무조건적인 평등은 또 다른 차별이 될 수 있어. 예를 들어 장애인이 비장애인과 평등해지려면 장애인이 비장애인과 같은 조건이 될 수 있도록 사회가 더 많이 보장해 줘야 공평한 거야.

자유와 평등은 이렇게 서로 맞물려 있어. 시민의 자유와 평등을 보장하는 정부가 좋은 정부겠지?

정부란 무엇일까?

정부는 일정한 지역이나 국가를
관리하는 기관을 말해. 보통 영토와 국민, 주권,
이 세 가지가 있으면 국가라고 부르고,
정부는 이 국가를 관리하는 기관이지.

정부는 국가의 독립과 운영에 필요한 결정들을 내리고 집행하는 기관으로, 법률을 제정하고 국가 정책을 세우며 공무원들을 지휘해.

우리나라 정부는 중앙 정부와 지역을 관할하는 지방 정부로 나뉘어. 중앙 정부는 행정부, 입법부(국회), 사법부로, 지방 정부는 지방 자치 단체와 지방 의회로 구성돼.

행정부는 대통령과 그 지시를 따르는 중앙 부처로 구성돼.

우리나라 행정부는 교육부, 외교부 등의 열여덟 개 부와 검찰청, 소방청 등 열여덟 개 청으로 구성되고 각 장관과 청장은 대통령이 임명해. 부와 청이 엄청 많지?

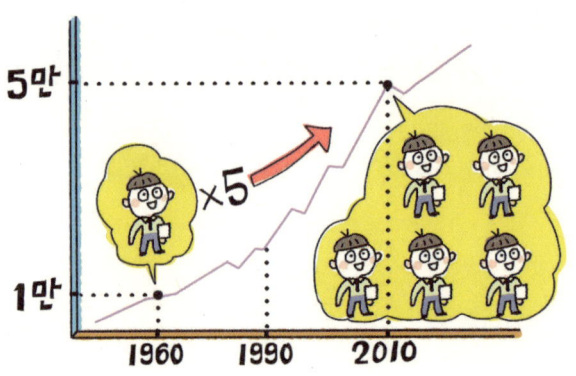

사회가 발전할수록 정부의 역할이 늘어서
부와 청이 많이 늘었어.
1960년대에 비해 공무원 수가
다섯 배 정도 늘었어.

공무원은 정부 기관에서 일하는 사람으로,
시민의 세금으로 월급을 받고
공익을 실현할 사업들을 추진해.

공립 학교의 선생님들도
공무원이고 교육 공무원이라 불려.
사립 학교의 선생님들은 공무원은 아니지만
법에 따라 교육 공무원과 같은 대우를 받아.

경찰과 직업 군인, 소방관도 공무원이야.

정부는 주민 전체의 이익과 생활을 돕기 위해
공공 기관을 만들어서 운영해.
시청, 학교, 경찰서, 우체국, 행정 복지 센터,
보건소, 도서관, 소방서 등이 그런 공공 기관이야.

정부는 이윤보다 시민들의 복지를 위해
운영하는 공기업을 만들기도 해.
공항이나 철도, 고속도로, 전력 등을
관리하는 기업들이 대표적인 공기업이지.

정부가 관여하는 곳이 참 많지?
그렇지만 정부는 스스로 권력을 만들 수는 없어.
정부의 권력은 시민들을 대신하는 것이기에
시민의 동의와 지지를 받을 때만 정당할 수 있어.

사회가 커질수록 평범한 시민들의 힘과
정부 권력의 차이도 점점 커지고 있어.
그러니 정치인과 정부 권력을 시민들이
잘 감시해야 민주주의가 실현될 수 있단다.

나라에서 가장 힘이 센 사람은?

한 사람이나 소수의 사람들에게 권력이 집중되면
독재가 돼. 그래서 민주 정치는 권력을 나누고
서로 감시하고 견제하여 균형을 잡아.
그럼 민주 정치에서 가장 힘 센 사람은 누굴까?

중요한 권력을 누가 가지고 있는지에 따라
대통령제와 내각 책임제로 나뉘어.
대통령제에서는 대통령이 권력을 가지고,
내각 책임제에서는 국무총리가 권력을 가져.

대통령제에서는
국민이 대통령을 선거로 선출하고,
내각 책임제에서는 국민이 선출한
국회 의원들이 국무총리를 선출해.

내각 책임제에서는
보통 국회에서 가장 많은 의석을 차지한
정당이 국무총리를 지명하거나
다른 정당들과 연합해서 국무총리를 지명해.

민주 정치에서 대통령제와 내각 책임제가
기본이지만 전 세계 각 나라마다
조금씩 그 형태가 달라. 대통령도 있고
국무총리도 있는 나라들도 많거든.

우리나라에도 대통령과 국무총리가 모두 있어.
대통령이 국회의 동의를 얻어 임명하는
국무총리는 대통령과 함께
중앙 정부를 운영해.

대통령이 외국에 나가거나
일을 못할 때는 국무총리가 대통령을 대신해.
그렇지만 대통령의 권한이 더 강하고
대통령이 국무총리를 지명하기 때문에
우리나라의 정치 제도는 대통령제라 불려.

그럼 대통령 마음대로 해도 될까? 그렇지는 않아.
대통령의 힘이 세지만 국회가 대통령에 대한
탄핵을 헌법 재판소에 요청할 수 있어.
그래야 서로 견제가 되니까.

보통 민주 정치에서 권력은
법을 만드는 입법부, 법을 집행하는 행정부,
법을 적용하는 사법부로 나뉘는데
이를 권력 분립의 원리라고 해.

국회가 입법부, 대통령과 중앙 행정부가
행정부, 헌법 재판소나 대법원, 지방 법원이
사법부를 구성해. 그래서 권력 분립을
'삼권 분립'이라고 부르기도 해.

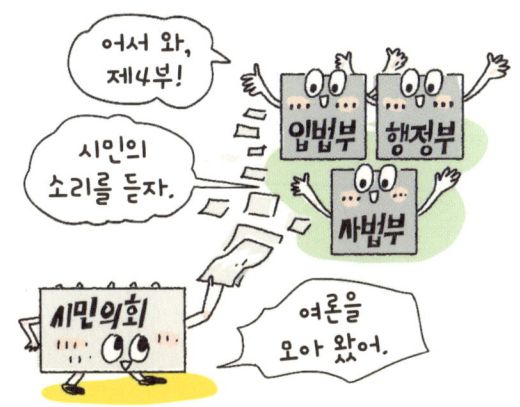

20세기 말부터는 정치에 활발하게 참여하는
시민 단체들이 행사하는 여론이나
시민들로 구성된 시민 의회를
'제4부'라고 부르며 민주 정치의
기본 원리에 포함시키기도 해.

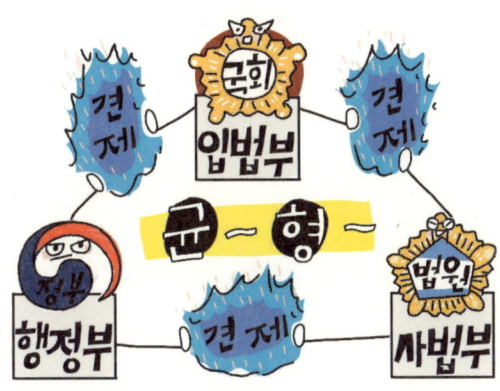

이렇게 각 부가 서로 감시하고 견제하며
권력의 균형을 맞추는 게
민주 정치의 기본 원리야.

하지만 실제 현실에서는
이런 균형이 무너지는 경우도 많아.
그래서 민주주의에서는
시민들의 관심과 참여가 중요해.

법은 누가 만들지?

법은 그 나라 사람들이 지키기로 한 약속으로,
민주주의 국가에선 시민의 자유와 평등과 같은
기본권을 보장하기 위해 헌법에 따라 권력이 행사돼.

헌법은 시민의 기본권을 보장하고
국가 권력이 그 기본권을 해치지 않도록
한계를 정해.

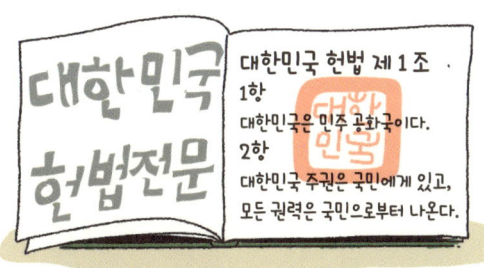

대한민국 헌법이 국회나
정부의 구성보다 국민의 권리와 의무를
먼저 다루는 것도 그 때문이지.

헌법의 정신을 따르는 걸
'입헌주의'라고 하는데, 헌법을 따르는
법률의 존재 목적은 시민의 권리를
제한하는 게 아니라 보장하는 거야.

특히 헌법은 약자인 여성의 노동을 보호하고
고용이나 임금, 노동 조건에서
차별을 받지 않도록 하고,
청소년의 노동도 특별히 보호해.

가끔 갈등이 생기면
"법대로 합시다."라고 하는데
법이 모든 문제에 대한 해답을
갖고 있는 건 아니야.

그리고 법을 해석하고 적용하는 것도
사람이 하는 일이라, 사람의 선입견과 편견이
잘못된 해석과 적용을 부를 수도 있어.

그래서 법을 해석하는 기준이 중요해.
민주주의 국가에서는
법을 해석하는 기준이 시민의 권리야.

법치주의는 법이 공평하고
정의롭게 적용되는 정치 원리를 뜻해.
법치주의는 시민의 자유와 평등을 보장하고
권력이 시민의 권리를 침해하는 것을 막아 줘.

법치주의가 지켜지려면 어떻게 해야 할까?
시민들이 법을 만들고 집행하는 데 참여해야 해.
국회나 정부에 법의 제정이나 개정을 요구하거나
사법부에 법의 엄격한 집행을 요청해야 해.

민주주의에서는 법을 지키는 것도,
잘못된 법을 바로잡는 것도 중요해.

예를 들면 가짜 뉴스를 만들고
퍼뜨린 사람을 법에 따라 처벌할 수 있어.
공공복리나 질서를 위협하니까.

하지만 무엇을 가짜 뉴스로 볼지
명확히 하지 않으면 헌법으로 보장된
언론의 자유나 표현의 자유를 해칠 수 있어.
시민의 권리를 제한하는 건 신중해야 해.

우리나라에서 주요 정치인들을 뽑는 방식은 다음과 같아.

선거	임기	재선 여부	선출 방식
대통령	5년	재선 불가능 (한 번만 가능)	- 직접 투표 - 후보자들 중에서 표를 가장 많이 얻은 사람이 당선
국회 의원	4년	임기 제한 없음	- 지역구 투표와 비례 대표 투표로 선출 (투표용지가 두 장) - 지역구 투표의 경우, 표를 가장 많이 얻은 사람이 당선(소선거구제) - 비례 대표는 득표율을 따져서 정당이 미리 발표한 비례 대표 순서대로 당선
단체장	4년	세 번까지 가능	- 직접 투표 - 후보자들 중에서 표를 가장 많이 얻은 사람이 당선
지방 의원 (광역/기초)	4년	임기 제한 없음	- 지역구 투표와 비례 대표 투표 - 지역구 투표의 경우 표를 많이 얻은 순서대로 여러 명이 당선(중대선거구제) - 비례 대표의 경우 득표율을 따져서 정당이 미리 발표한 비례 대표 순서대로 당선
교육감	4년	세 번까지 가능	- 교육 경력이나 교육 행정 경력 3년 이상 - 정당 개입 금지 - 직접 투표 - 후보자들 중에서 표를 가장 많이 얻은 사람이 당선

그런데 국제 의원 연맹(IPU)이 밝힌
'여성 국회 의원 비율 및 각국의 순위'를
보면, 한국은 여성 의원 비율이
2021년에 19퍼센트로 121위야.
그나마 2012년에 15.6퍼센트,
2016년에 17퍼센트였으니 조금씩 늘어난 거야.

공직 선거법은 비례 대표 후보자의 50퍼센트 이상을 여성으로 추천하도록 하고
지역구 후보자의 30퍼센트를 여성 후보자로 추천할 것을 권유하지만
아직 그 비율은 채워지지 않고 있어.

**왜냐고? 아직까지 우리 사회에
만연한 성차별 탓이야.**

여성은 집안을 지켜야 하고 바깥 정치는 남성들이 하는 것이라는 편견이 있거든.
그리고 행정부나 사법부, 기업, 시민 단체 등이 여성들에게
대표나 중요한 직책을 맡기지 않는 탓도 있어.
직급이 높아질수록 여성들을 찾아보기 어렵지.

다른 나라에서는 여성들이 정치를 주도해.

뉴질랜드의 총리 저신다 아던은 43세 여성이고, 핀란드의 총리 산나 마린은 38세 여성이야.

지금 한국에는 더 많은 여성 정치인이 필요해.

대통령이 대장일까?

대한민국은 대통령제 국가로,
헌법 제66조 4항은 "행정권은 대통령을
수반으로 하는 정부에 속한다."고 정하고 있어.

대통령은 나라 행정을 맡은 기관인 행정부의 장(長)이자 국가의 원수로,

다른 나라에 대해 한국을 대표하고 헌법과 법률에 따라 군대도 지휘해.

대통령은 각 부처의 장관이나 고위 공무원을 임명하거나 해임하는 권한을 가지며 중요한 정책을 심의하는 국무 회의의 의장을 맡아.

대통령은 법률에 대한 거부권이나 국민 투표, 국회 임시회 소집 요구권 등으로 국회를 견제해.

대통령은 헌법 재판소장이나 대법원장 등을 임명하고 해임할 수 있는데, 이를 통해 사법부를 견제해. 법무부를 통해서도 견제하고.

대통령은 600조 원이 넘는 엄청난 정부 예산을 집행해. 그러니 우리나라에서 가장 막강한 권력이라고 볼 수 있지.

대통령의 힘이 세니 계속 하고 싶겠지? 그래서 헌법은 대통령을 한 번만 5년 동안 할 수 있도록 임기를 제한했어.

권한이 많은 만큼 대통령을 보좌하는 기구도 많고 자문 기구도 있어.

대통령의 활동은 대통령실 홈페이지에서
확인할 수 있어. 대통령의 일정이나
주요 연설은 공개되고 있어.

헌법에 따르면 대통령은
만 40세 이상이어야 하고 시민들의
직접 투표로 결정돼.

대통령 선거에 나오려면
중앙 선거 관리 위원회에 3억 원의
기탁금을 내야 해. 선거 비용은
이것보다 훨씬 더 많이 필요하겠지.

그런데 반드시 만 40세가 넘어야
대통령 역할을 제대로 수행할 수 있는 걸까?
유럽에서는 30대 총리도 둘이나 나왔는데
우리나라는 안 되는 걸까?

국회가 대통령을 몰아낼 수 있다고?

국회의 가장 기본적인 기능은 시민들을 대신해서
나라에 필요한 법률을 제안하고 만드는 거야.
이곳에서 일하는 사람들을 국회 의원이라고 해.
국회는 정부의 정책과 행정부, 사법부를 심사하고 견제해.

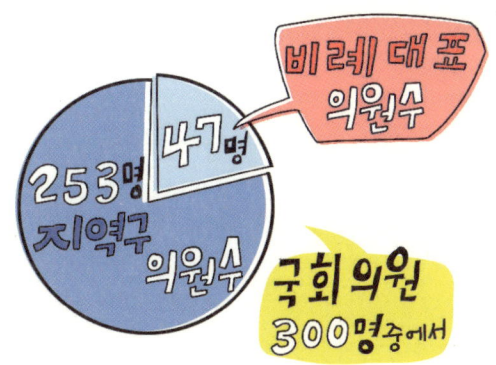

대한민국 국회는 2022년 현재
300명의 국회 의원들로 구성되고 국회 의원은
4년에 한 번 치르는 선거로 선출돼.
대통령과 달리 국회 의원은 임기에 제한이 없어.

국회 의원은 자기 지역을 대표하는
지역구 의원과 소속 정당을 대표하는
비례 대표 의원으로 나뉘어.

국회 의원은 자기 지역이나
소속 정당을 대표해서 정부의 정책이나
예산을 감시하고 법률을 만들거나
고치자고 제안할 수 있어.

국회는 행정부의 정책이나 사업 과정을
조사할 수 있고 대통령과 국무총리를
탄핵시킬 수도 있어.

정부는 국회의 동의 없이는 법이나 예산을 바꿀 수 없고 외국과의 조약과 군대의 파견도 국회의 동의를 받아야 해.

국회 회의는 특별한 경우가 아닌 이상 공개되니 직접 국회에 가서 방청할 수도 있고 국회 홈페이지에서 회의록이나 법안 등을 검색할 수 있어.

국회의 결정은 전체 의원 수의 절반 이상이 출석하고 출석한 의원 중 절반 이상이 찬성하면 내려져.

국회 의원은 자신에게 투표한 지역구민이나 정당의 지지자들을 대변하는 역할도 해. 그래서 언론 인터뷰도 하고 집회나 시위에 참여하기도 하지.

국회 의원은 국민의 세금으로 월급과 각종 수당을 받기 때문에 법률이 정하는 것 외에 다른 직업을 가질 수 없고 국가의 이익을 앞세울 청렴의 의무가 있어.

국회 의원은 범죄 현장에서 발각되지 않는 이상 국회 회기 중에는 체포되지 않으며, 국회에서 한 발언이나 표결에 대해서는 책임을 지지 않는 특권을 가지고 있어.

시민들과 잘 소통하고, 사회의 다양한 계층을 잘 대변하며, 정치적인 소신이 뚜렷하고, 다루는 정책에 대한 전문성이 뛰어나며, 도덕적인 사람이 국회 의원을 하면 좋겠지?

만 16세 이상이면 정당에 가입할 수 있으니 청소년들도 나중에 당원 활동을 하며 정치인 훈련을 해 보는 것도 좋아.

지방 자치 단체가 뭘까?

우리나라는 지방 자치 제도를 실시해.
지방 자치 제도는 광역시나 도 같은 광역 자치 단체,
시와 군 같은 기초 자치 단체가 시민들과 함께
지역 문제를 해결하고 지역 발전을 추진하는 제도이지.
규모가 작아야 시민들이 참여하기 쉬우니까.

중앙 정부에 대통령실과 국회가 있다면
지역에는 지방 자치 단체와
지방 의회가 있어.

자치 단체를 대표하는 사람을 단체장,
도는 도지사, 시는 시장,
군은 군수라고 불러.

단체장과 지방 의원은
지방 선거로 뽑히고 단체장 임기는 4년,
최대 세 번, 12년까지 할 수 있어.
지방 의원은 횟수 제한이 없어.
국회 의원처럼 만 18세 이상이면 출마할 수 있어.

단체장은 지방 자치 단체의 공무원들을
임명, 해임할 수 있고 각종 사업 허가,
도시 계획, 사회 복지, 환경, 지역 경제,
안전 관리 등에 관한 권한을 가지고 있어.

지방 의회는 어떤 역할을 할까?
단체장의 권한이 많으니 경기도에는 도 의회,
과천시에는 시 의회, 옥천군에는 군 의회가
단체장을 감시하고 견제, 권력의 균형을 잡아.

지방 의회는 지방 자치 단체의 행정과
예산을 감시하고 견제하는 역할을 맡고,
지역의 법률이라 불리는 조례를 만들어.

국회가 전국에 공통되게 적용되는
법률을 만든다면, 지방 의회는
지역 특색을 반영한 조례를 만들 수 있어.

마을과 관련된 일은 대통령보다 단체장에게
이야기하는 것이 훨씬 더 효과적이야.
직접 면담을 하거나 편지나 이메일,
지방 자치 단체 홈페이지에 글을 남겨도 좋아.

단체장이 부담스러우면 지방 의원들을
만나도 좋아. 지방 의원들은 길을 가다
만날 수도 있는 정치인들이란다.

지방 의회도 방청이 가능하니
직접 찾아가도 좋고,
지방 의회 홈페이지에서 회의록이나
영상을 볼 수도 있어.

홈페이지에서 의원의 연락처와 이메일 등을
확인할 수 있으니 지역의 문제는
지방 의원과 의논할 수 있어.

지방 의회에서는 가끔 초등학생을 대상으로
모의 의회, 어린이 의회를 운영하기도 해.
우리 지역에는 청소년들의 참여를 보장하는
어떤 제도들이 있을까?

정치인이 아니어도 정치를 한다고?

정치를 직업으로 하는 사람들도 있지만
그런 사람들만 정치를 할 수 있는 건 아니야.
인터넷을 통해 중요한 관심사들을
알리는 것도 정치란다.

공식적인 정치인은 아니지만
정치에 영향을 많이 미치는 사람들이 있어.
가장 대표적인 사람들이 언론인이야.

텔레비전이나 케이블 방송, 신문 등은
어떤 사안에 대한 정보를 제공하고
시민들의 반응을 살펴 여론을 만들어.

어떤 기사가 주목을 받고
사람들의 이야깃거리가 되거나 널리 공유되면,
선거에서 표를 받아야 하는 정치인들은
이 여론을 의식할 수밖에 없어.

요즘은 카톡같은 소셜 네트워크
서비스(SNS)나 유튜브를 통해 여론을
만들려는 사람들도 있지.

정치에 영향을 미칠 통로가
옛날보다 더 다양해진 셈이야.

하지만 통로가 다양해진 만큼
너무 많은 정보가 만들어지고 때로는
조작된 정보가 만들어지기도 해서
정치에 나쁜 영향을 주기도 해.

시민 단체들도 여론을 만들고 정책에 대한
대안을 제안하며 정치에 영향을 미쳐.
시민운동, 비정부 기구(NGO)라고 불리기도
하는데, 목적을 추구하기 위해 시민들이
자발적으로 만든 단체와 운동을 가리켜.

우리나라에는 이미 수만 개의 시민 단체들이
만들어져 활동하고 있어. 다루는 주제도
노동과 경제, 인권, 환경, 교육, 여성,
평화, 청소년, 종교 등 다양해.

특정한 문제를 가지고 집회를 여는
사람들도 정치에 영향을 미쳐.

행정부의 정책이나 국회의 법률에
찬성하거나 반대하는 사람들이
거리에서 시위를 벌이거나
서명을 받는 것도 하나의 정치야.

선거권이 없는 청소년이 정치인이 되는 건
쉽지 않아. 그래도 지방 의회나
청소년 의회를 통해 정치인의 역할을
간접적으로 경험하는 것은 가능해.

이런 경험을 살려 기사를 쓰거나
유튜브 등을 통해 여론을 만들 수도 있어.
청소년들의 정치 활동을 지원하는
시민 단체들과 함께 캠페인을 할 수도 있고.

더 나은 삶을 위한 정치

정치는 국가 안에서 벌어지는 거의 모든 일을 다뤄.

전쟁과 외교같은 **다른 나라와의 관계**부터 기업이나 노동자와 관련된 **경제**, 학교와 도서관같은 **교육**, 전염병의 예방, 시민들의 **보건과 복지**, 방송이나 관광같은 **문화**, 부동산이나 공항같은 **주거와 교통**, 쓰레기를 처리하고 자연을 관리하는 **환경**, 에너지의 생산과 소비 등

정치의 주제는 무궁무진해.

옛날에는 각자 도시락을 싸서 다녀야 했다면, 지금은 학교에서 무상으로 급식을 제공해. 물론 도시락이 먹고 싶은 학생도 있겠지만 도시락을 싸는 학부모의 부담도 줄고 좋은 식재료로 맛있는 식사를 모든 학생이 할 수 있다면 정말 좋겠지?

그리고 몸이 아픈 사람은 당연히 병원에 가야겠지? 가난한 사람들이 몸을 잘 돌보지 못해 심한 병에 잘 걸리는데, 돈이 없어 병원에 가지 못하거나 수술을 받지 못하면 어떻게 해야 할까?

**우리나라에는
국민 건강 보험 제도가 있어서
가난한 사람들도
병원이나 약국을 이용할 수 있어.**

외국인들도 6개월 이상 한국에서 살면 국민 건강 보험에 가입돼.
그러니 아프면 나이가 적든 많든, 한국인이든 아니든 치료를 받을 수 있어.

최근에는 나이, 소득과 상관없이 전 국민에게
일정한 소득을 매월 지급하는 **기본 소득 제도**와 만 20세가 되는 청년들에게
기본 자산을 제공하는 **기본 자산 제도**도 얘기되고 있어.

**아프고 나이를 먹어도, 나이가 어려도
불안하지 않은 사회를 만드는 건
정치의 매우 중요한 역할이거든.**

**요람에서 무덤까지
시민의 삶을 돌본다는 복지 국가,
우리나라도 서서히
그 복지 국가에 다가서고 있어.**

**그러려면 시민들이
좋은 정치인들을 적극적으로 찾고
제 몫을 하도록 때로는 비판을,
때로는 칭찬과 격려를 해야 해.**

군대는 왜 필요하지?

정치의 가장 중요한 역할 중 하나는
나라를 지키는 거야. 군대는 국가를 방어하는
전투 조직이지. 경찰이 국내 치안을 담당한다면
군대는 국외 혼란에 대비해.

우리나라는 남북한 간의 전쟁을 경험했고 지금도 분단 상태라 군대의 규모와 힘이 큰 편이야.

남자들은 만 20세가 되면 징병 검사를 받고 군대에 가야 하고, 여자들은 지원해서 군대에 갈 수 있어.

양심에 따라 총을 들지 못하는 사람은 군대 대신 교도소 등에서 일하는 대체 복무 제도가 2020년부터 실시되고 있어.

경찰이 나라 안의 다툼을 다룬다면, 다른 나라와의 다툼에는 군대나 외교(다른 나라와 정치적, 문화적, 경제적 관계를 맺는 일)가 필요해.

전쟁보다는 평화가 좋으니 외교로
다툼이나 위협을 해결하는 게 좋겠지.

대한민국 헌법은 우리나라가 다른 나라를
침략하지 않는 나라라고 선언해.
다른 나라를 침략하지 않는데
군대는 왜 필요할까?

우리나라 군대는 국가의 안전을 보장하고
국토를 방어하는 목적으로 존재하고
공무원으로서 정치에 개입하면 안 된다고
헌법과 법률에 정해져 있어.

국가가 위협을 받을 때
군대를 지휘하는 사람이 바로 대통령이야.
그렇다고 대통령이 마음대로
군대를 지휘할 수 있는 건 아니야.

대통령은 헌법과 국군 조직법에 따라
국군에게 명령할 수 있어. 한 사람의 판단에
너무 많은 권력을 주지 않기 위해서야.

침략을 하지는 않지만
가끔 군대가 외국으로 가기도 해.
이것을 '파병'이라고 하는데,
평화적인 목적을 위해서만 그럴 수 있어.

하지만 파병을 하더라도 헌법에 따라
대통령은 반드시 국회의 동의를 얻어야 해.
시민의 생명과 안전이 달린 중요한 문제니까.

그런데 평화적인 목적이라면
다른 나라에 군대를 보내도 괜찮은 걸까?
평화를 지키기 위한 전쟁은 벌여도
괜찮은 걸까?

다른 나라와 갈등이 생기면?

우리나라는 일본의 식민지였던
아픈 역사를 가지고 있어.
다른 나라가 우리나라를 침략하려 하거나
불이익을 주려고 할 때 어떻게 하면 좋을까?

전 세계는 이미 경제, 문화로
서로 이어져 있어. 전 세계인이 사랑하는
K-POP(케이팝)을 봐.

외국과 갈등이 생겼을 때 힘으로만
풀 필요는 없어. 폭력으로 충돌하는 건
서로에게 불이익을 줄 때가 많거든.

외교는 상대 국가의 의견을 듣고
타협점을 찾아서 갈등을 줄여 줘.
남북한의 정상들이 판문점에서 만나
협상을 하는 것이 대표적인 사례지.

예전에 고 김대중 대통령은
'햇볕 정책'이라는 외교를 폈어.

해와 바람이라는 이솝 우화 들어 봤니?
바람을 강하게 부는 것보다
햇볕이 따스하게 내리쬐는 게
굳게 닫힌 옷의 단추를 푸는 데 효과적이야.

폐쇄적인 북한을 개방으로 이끌려면
힘으로 압박하는 것보다 경제 원조를 해서
스스로 문을 열도록 해야 한다는 것이었지.
이런 것도 외교의 한 방법이야.

반대로 미국처럼 테러 국가와는
협상을 하지 않겠다고 선언하고
무역을 중단하고 힘으로 압박하는 방법도 있어.

어떤 방법을 쓸 것인지를 선택하는 것이
정치에서는 중요해.
이렇게 나와 우리의 생명, 안전과
곧바로 연결되는 것이 정치야.

평화롭게 문제를 풀어 가자는 합의가 이루어진다면 국가들끼리 조약이나 협약을 맺을 수 있어. 국가들간의 조약은 대통령이 체결하지만 국회의 동의를 받아야 해.

조약이 체결되면 국내의 법률과 똑같은 효과를 가져. 예를 들어, 기후 위기를 줄이기 위해 온실가스 감축 목표를 세우고 노력해야 한다는 파리 협정도 국내법과 똑같은 효력을 가져.

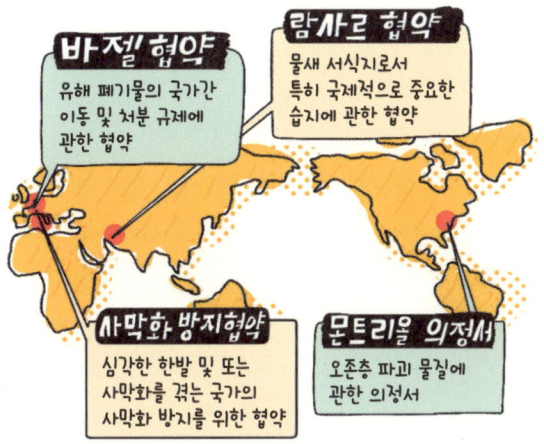

그리고 환경이나 경제와 관련된 일들은 여러 국가들에 영향을 미치기 때문에 그것에 관한 국제 협약을 살펴보면 좋아.

이렇듯 정치는 한 나라의 국경을 가로질러 전 세계로 확장되기도 해. 지금은 전 세계가 어떤 문제에 관심을 가지고 있을까?

정치가 경제를 움직인다고?

정부는 화폐를 발행하고 외국과의 무역을
조절하며 경제가 잘 작동하도록 살펴.
경제 활동은 기업이 하지만
경제가 작동하는 규칙은 정부가 정해.

우리나라는 정부가 경제에 미치는 영향이 컸어. '경제 개발 5개년 계획'이라고, 한국 전쟁으로 파괴된 나라를 복구하려고 1962년부터 경제 성장 계획을 짜고 산업을 지원했어.

지금 엄청난 대기업이 된 자동차, 조선, 철강 산업들은 그 당시 정부의 많은 지원을 받았어. 이런 기업들을 키우기 위해 정부는 외국산 제품들의 수입을 금지하기도 했어.

그러니 기업에 대한 정부의 영향력이 강했고, 기업과 공무원이 뇌물을 주고 받거나 기업의 주가를 조작하는 등 부정부패도 잦았어.

옛날에만 그랬던 건 아니야. 1997년에 큰 경제 위기가 와서 기업들이 줄지어 문을 닫을 때, 정부는 168조 원이나 되는 돈을 풀어 기업들을 지원했어.

지금도 정부가 세우는 도로, 철도, 공항 등은 기업들이 공사를 하고, 엄청난 공사비는 기업들에게 큰 이익을 준단다.

정부는 국민과 기업에게 법에 따라 세금을 걷어 국가를 운영해. 세금은 크게 소득과 소비, 기업에 대한 세금으로 구분돼.

소득에 대한 세금은 임금, 집이나 토지 같은 부동산, 주식, 예금 등으로 얻는 소득에 매기는 세금으로, 소득에 따라 세금의 양이 달라져.

소비에 대한 세금은 물건을 사거나 부동산을 거래하는 서비스에 붙는 세금이고 기업에 대한 세금은 기업 소득에 따라 내는 세금, 법인세야.

정치인들이 세금을 마음대로 결정할 수는 없어.
법을 만드는 국회, 법을 집행하는 행정부가
세금의 규모를 정해.

세금을 무조건 많이 내라고 하면 싫겠지?
하지만 그 세금이 내가 사는 집과 마을,
교육, 복지 혜택으로 돌아온다면
지갑을 열 마음이 생길 거야.

세금을 많이 내냐 적게 내냐 보다는
형편에 따라 세금을 투명하게 잘 내야 해.
그리고 정부가 걷은 세금을 잘 쓰고 있는지
감시해야 해.

그리고 세금은 가난한 사람과 부자의 격차가
점점 더 벌어지는 것도 막을 수 있어.
정치가 이런 역할을 하면 그 나라가
더 좋아지겠지?

시장 질서는 누가 지킬까?

힘이 센 기업이나 개인이 자신들에게 유리한 조건을
약자들에게 일방적으로 강요할 수 있어.
그래서 정부는 공정한 시장 질서를 유지하는 역할을 해.

기업이 노동자들을 고용하면
정부는 노동자들의 권리를 보장해.
근로 기준법은 노동자들의 기본 노동 조건과
생활을 보장하는 법이야.

정부는 노동자들이 안전하고
건강한 환경에서 일할 수 있도록 보장해야 해.
공장이나 사무실은 기업이 관리하지만
정부가 정한 기준을 지켜야 하지.

산업 안전 보건법에 따라 기업주는
노동자의 몸과 정신에 주는 피로와
스트레스를 줄이도록 환경을 조성해야 해.

정부가 노동 조건만 보장하는 건 아니야.
임금은 기업이 정하지만
정부는 가장 낮은 임금을 지정하는데
이걸 최저 임금 제도라고 불러.

최저 임금법은 그해 노동자들이 받을 가장 낮은 시급(시간 단위 임금)을 정해. 매년 물가 상승율과 여러 경제 상황을 고려해서 최저 임금을 정해.

노동자에게 최저 임금보다 낮은 임금을 준 기업주는 3년 이하의 징역 또는 2천만 원 이하의 벌금을 내.

최저 임금 제도는 노동자들의 생활을 안정시키고 노동자의 능력을 더 발전시키기 위한 제도야.

그리고 정부는 직장을 잃은 사람들에게 실업 급여도 지급해. 그래야 직장을 잃은 사람도 불안에 시달리지 않고 생활을 하며 다시 취업을 준비할 수 있으니까.

감염병 코로나19가 유행하자 정부는 시민의 생계를 지원하기 위해 재난 지원금을 줬어. 어려운 중소기업과 자영업자에게도 지원금을 줬지.

정치는 상품의 가격에도 영향을 미쳐. 가격은 기업이 정하지만 정부는 기업이 가격을 부당하게 정하지 못하게 해.

공정 거래법은 큰 기업이라고 해서 가격을 부당하게 정하거나 다른 기업의 활동을 방해하는 걸 금지해. 그래야 소비자의 피해를 막고 중소기업도 살 수 있으니까.

약자가 강자에게 지배당하지 않도록 하는 것도 정부의 책임이야. 시민의 자유와 평등을 보장해야 하니까. 지금 우리 정부는 이런 역할을 잘하고 있을까?

참여하는 정치

평범한 시민은 어떻게 정치에 참여할 수 있을까?

시민이 참여할 방법은 정말 다양하단다.
가장 손쉽고 중요한 방법은 선거 때 투표를 잘하는 거야.

만 18세 이상의 사람들은 투표권을 가지고, **선거의 4원칙**
(보통 선거, 평등 선거, 직접 선거, 비밀 선거) 에 따라 투표해.

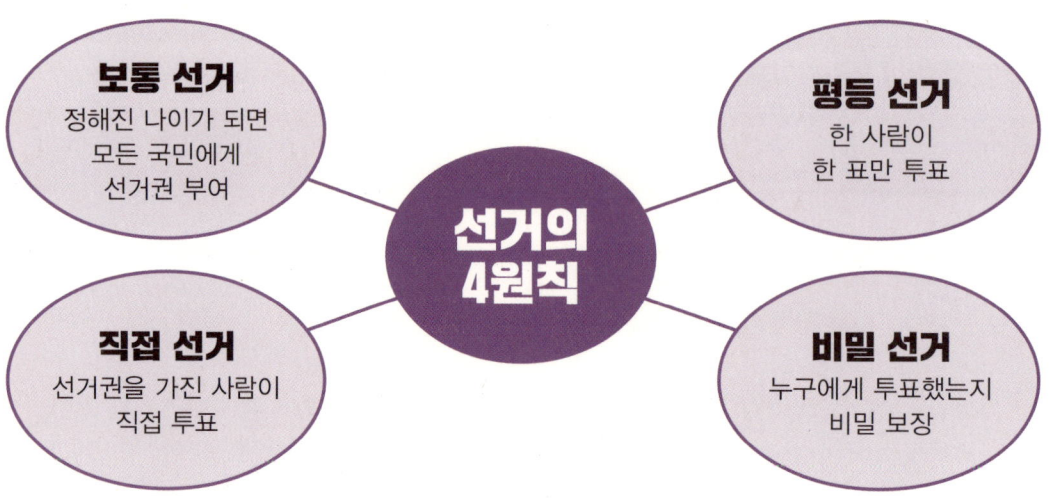

내가 찍을 후보, 내가 찍을 정당을 잘 선택하고
좋은 정치인이 계속 활동을 할 수 있도록 지지를 보내는 것이 중요해.

어떤 문제에 대한 내 생각을 정리해서 말하는 건 쉬운 일이 아니지.

**그렇지만 자꾸 목소리를 내야
그 문제에 대한 사람들의
관심을 끌 수 있어.**

혼자서 하기 힘들다면 주변에 있는 친구들을 만나 봐.
그렇게 사람들을 만나는 것도 정치란다.

**생각해 보면 정치는
나와 우리가 바라는 것을 표현하고
시민의 권리로서
요구하는 것에서 시작돼.**

밖으로 드러내지 않으면 누가 무엇을 원하는지 알 수 없잖아.

그리고 나와 비슷한 요구를 하는 사람들이 있는지
잘 찾아보는 것도 중요해.
서로 뜻을 모으면 그만큼 힘이 강해지니까.

**정치는 사람이 시민으로 살 수 있는
중요한 방법이야.**

그러니 공부도 하고, 때로는 행동도 하면서
함께 공동체를 살기 좋은 곳으로 만들면 좋겠지?

시위는 나쁜 걸까?

시민이 자신의 의견을
꼭 말로만 드러내야 하는 것은 아니야.
구호를 적은 피켓이나 사진을 드는 것도
의견을 드러내는 방식이지.

때로는 의견을 드러내지 않는 것도
정치적인 행동이 될 수 있어.

반대하는 행사에 가지 않거나
지지하지 않는 사람과 말을 하지 않고
침묵하는 것도 정치야.
침묵 시위라는 것도 있거든.

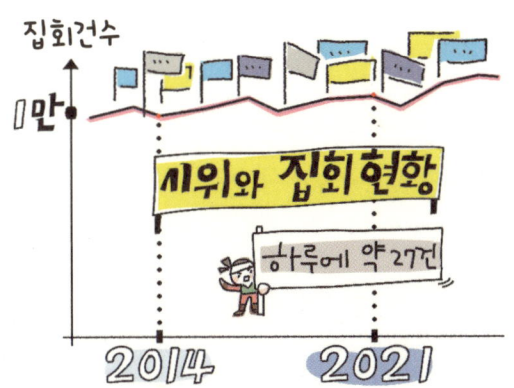

경찰청에 따르면, 경찰이 동원된 집회와
시위의 건수는 2014년부터 매년 1만 건이 넘어.
2021년에는 10,300건이었고. 하루에만
약 27건 이상의 집회, 시위가 벌어지는 셈이야.

집회와 시위의 주제도 대통령 탄핵부터
미국 대통령 방한 반대, 검찰 개혁,
비정규직의 정규직 전환 등 다양했어.

대한민국 헌법은
'모든 국민은 언론·출판의 자유와
집회·결사의 자유를 가진다.'고 보장해.

집회에 관해서도 '누구든지 폭행, 협박,
그 밖의 방법으로 평화적인 집회 또는 시위를
방해하거나 질서를 문란하게 하여서는
아니 된다.'고 법률로 규정하지.

평화로운 시위와 집회는
보장받아야 할 시민의 권리야.

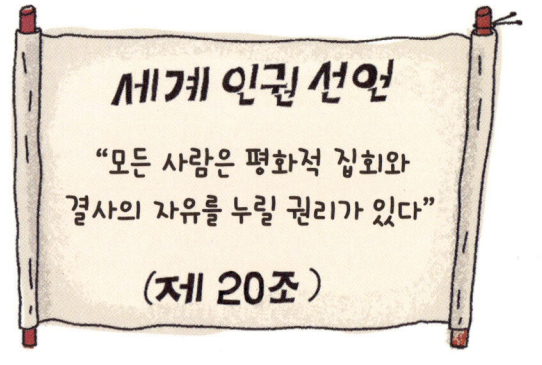

국제법도 시위를 권리로 보장하고
국제 연합의 협약도 평화적인 집회를
권리로 인정하고 있어.

왜냐하면 정부도 사람들이 운영하는 곳이라 잘못된 판단이나 결정을 내릴 수 있고, 시민들에게는 자신의 존엄과 행복, 안전을 위해 올바른 정책을 요구할 권리가 있기 때문이야.

대한민국 헌법은 '국가는 개인이 가지는 불가침의 기본적 인권을 확인하고 이를 보장할 의무를 진다.'고 밝히고 있어.

민주주의 국가에서 법과 제도가 있는 이유는 권력을 지키기 위해서가 아니라 시민의 권리를 지키기 위해서니까.

그러니 시민들은 법과 제도가 그런 목적을 지키고 있는지 감시하고 바로잡아야 해. 그래야 우리 삶이 행복해질 수 있으니까. 지금 우리는 그런 역할을 잘하고 있을까?

우리 동네일에 참여할 수 있을까?

둘러보면 우리 동네에도 함께 결정해야 할 일이 많아.
학교, 도서관, 복지관 같은 공공 기관도 있고
놀이터, 운동장처럼 여러 사람이 이용하는 시설도 있으니까.

동네의 문제를 확인하는 방법으로는 지역 신문을 읽거나 지방 자치 단체의 홈페이지를 방문하고, 동네 주민들에게 직접 물어볼 수도 있어.

만약 학교로 가는 통학로가 자동차 도로와 뒤섞여서 위험하다면? 차도와 인도를 구분하는 분리대가 설치되면 좋을 텐데… 어떻게 해야 할까?

학교와 관련된 결정은 교육청이 내리지만, 지역의 도로를 관리하는 건 지방 자치 단체와 경찰서야.

이에 대한 문제를 해결하려면 등하굣길이 위험하다고 생각하는 학생들의 서명을 받거나

의견서를 작성해 교육청이나
지방 자치 단체에 민원을 넣고,

지역의 언론사나 시민 단체를 찾아가
도움을 요청할 수 있어.

어린이 보호 구역의 과속이나
주정차를 단속하고 과속 방지턱을
설치하는 건 경찰서의 권한이니
경찰서에 도움을 요청할 수도 있어.

학교 근처에서 차량들이 속도를 줄이고
난폭 운전을 하지 말자는 캠페인을
학생과 보호자들이 할 수도 있지.

참여하려고 마음을 먹고 주변을 둘러보면 여러 일들이 있단다.

쓰레기가 쌓여 있거나 소음이 심하거나 악취가 날 수도 있어.

놀이터나 공원이 제대로 관리되지 않고 방치될 수도 있어. 이런 문제가 눈에 띄면 어떻게 해결할 수 있을지 고민해 봐.

그 지역의 상황에 대해 가장 잘 아는 건 지역 주민들이야. 그러니 열심히 의견을 내고 참여해야 안전하고 행복한 지역 사회를 만들 수 있어. 우리 동네에는 어떤 문제가 있을까?

기후 위기를 막는 일도 정치라고?

전 지구적인 기후 위기를 막으려면
물건을 사고 파는 과정이 바뀌어야 하고
국가들의 협력도, 시민들의 적극적인
동참도 필요해. 그러니 정치가 중요하겠지.

지구 온난화는 메탄가스나 이산화 탄소 같은 온실가스 때문에 지구의 평균 온도가 점점 올라가는 현상이야.

산업화 이전 시기와 비교해서 지금 지구 평균 온도는 1.09도 올라갔어. 1.09도가 뭐가 문제냐고?

지구 평균 온도가 1.5~2도 오르면 17억 명이 폭염으로 고통받고, 홍수 같은 물 피해로 매년 270만 명의 이재민이 생길 거야. 2~3도 오르면 지구 생물종의 54퍼센트가 멸종할 거래.

이런 기후 변화는 식량의 생산과 수산물의 어획, 식품의 유통과 보관 등에 심각한 영향을 미칠 거야. 그래서 전 세계적으로 식량난이 심각해질 거라고 과학자들은 예측하고 있어.

탄소 배출량을 줄여야 하니 산업도 많이 바뀔 거고, 일자리도 많이 바뀔 거야.

우리나라도 2050년까지 탄소 중립
(탄소 배출량과 사라지는 양을 0으로 맞추는 것)
을 달성하겠다고 선언했어.
그러니 정부가 관련 정책을 잘 세우고
진행하는지 잘 봐야 해.

기후 위기만이 아니야.
미세 먼지와 미세 플라스틱,
쓰레기 산 등 우리 삶을 위협하는
여러 환경 문제들도 해결해야 해.

미세 먼지를 줄이기 위한 중국과의 협의,
탄소를 대량 발생시키는 화력 발전 위주의
정책 수정, 자동차 이용의 감소 등도
정치의 결정에 달려 있어.

바닷속과 물속, 지하수를 떠다니는 미세 플라스틱도 인간에게 해로운 합성 화학 물질을 포함하고 있어.

비닐이나 플라스틱 사용을 줄이려는 시민들의 노력은 이미 시작되었지만 정치가 법과 제도로 플라스틱 배출량을 줄이고 재활용하는 양을 늘려야 해.

전국 곳곳에 쌓인 쓰레기 산도 문제야. 재활용을 많이 해서 쓰레기 배출을 줄이고 배출될 쓰레기를 친환경적으로 처리할 기술을 기업이 개발하도록 정부와 시민이 더 힘을 모아야 해.

주변에 이런 고민을 하는 정치인들이 있는지 잘 살펴봐. 있다면 그들을 응원하고 없다면 고민을 하도록 만들어야지?

어린이는 정치를 못 한다고?

어린이들의 목소리엔 힘이 없다고?
투표권은 없지만 어린이도 엄연한 시민이고
시민에게는 권리가 있어.

2016년 미국의 한 소녀는
오바마 대통령에게 자기 도시의 어린이들이
수돗물에 포함된 납 때문에 고통을 겪고 있다고
편지를 보냈어.

오바마 대통령은 답장을 보내고
직접 그 도시를 찾아 수돗물을 확인했지.
이렇게 정치인에게 편지를 보내
문제를 알리고 해결책을 찾을 수 있어.

2018년 광주 무등초등학교 5학년 학생들은
한반도 평화를 위해 노력해 달라는
편지를 대통령에게 보냈어.

문재인 대통령은 답장을 보내 그런 나라를
만들기 위해 노력하겠다고 다짐했어.
그러니 대통령에게 편지를 보내는 게
먼 나라의 일만은 아니야.

대통령에게만 얘기할 수 있는 건 아니란다.
내가 사는 도의 도지사, 시의 시장,
군의 군수에게도 얘기할 수 있어.

우리에게는 놀이터가 필요해요,
어린이를 위한 쉼터가 필요해요,
안전하게 다닐 통학로가 필요해요,
이런 목소리를 적극적으로 내면
정치인들이 듣지 않을까?

서울 삼양초등학교 4학년 학생들은
서울시 교육감에게 새 교문을 만들어 달라는
편지를 보냈어. 교문을 넓혀서 버스도
드나들게 하고 휴식 공간도 만들고 싶었거든.

편지를 받은 교육감은 안전하고
좋은 교문을 만들 수 있도록
예산을 배정하겠다고 약속했어.
어린이들이 스스로 필요한 걸 얻어 낸 거야.

어린이에게 투표권은 없지만
인터넷 게시판이나 유튜브, 채팅방에
의견을 남기고, 투표권을 가진 사람들을
설득할 수 있어.

어리다고 무시하면 어떡하냐고?
계속 이야기를 해야 해.
그래야 어리다는 이야기도 사라진단다.

관심을 가진 사회 문제가 있다면
그 문제를 다루는 정치인이나
정당을 인터넷에서 검색해 보고
이메일을 보내거나 편지를 보내도 좋아.

아니면 그 문제를 다루는 시민 단체를
찾아가거나 전화를 해 봐. 낯선 타인이지만
같은 관심사를 가진 사람을 만나는 건
즐거운 일이 될 수 있단다.
지금 나는 무엇을 하면 좋을까?

질문 하는 사전 시리즈 ⑤

질문하는 정치 사전

초판 1쇄 발행 2023년 2월 25일 | **초판 2쇄 발행** 2024년 6월 14일
글 하승우 | **그림** 김윤정
펴낸이 홍석 | **이사** 홍성우 | **편집부장** 이정은
편집 조유진 | **디자인** 권영은·김영주 | **외주디자인** 신영미
마케팅 이송희·김민경 | **제작** 홍보람 | **관리** 최우리·정원경·조영행
펴낸곳 도서출판 풀빛 | **등록** 1979년 3월 6일 제2021-000055호
주소 서울특별시 강서구 양천로 583 우림블루나인 A동 21층 2110호
전화 02-363-5995(영업) 02-362-8900(편집) | **팩스** 070-4275-0445
전자우편 kids@pulbit.co.kr | **홈페이지** www.pulbit.co.kr
블로그 blog.naver.com/pulbitbooks | **인스타그램** instagram.com/pulbitkids

ISBN 979-11-6172-568-0 74340
ISBN 979-11-6172-057-9 (세트)

ⓒ하승우, 김윤정 2023

*책값은 뒤표지에 표시되어 있습니다.
*파본이나 잘못된 책은 구입하신 곳에서 바꿔 드립니다.

 | **제품명** 아동 도서 | **제조년월** 2024년 6월 14일 | **사용연령** 8세 이상 | 주 의
제조자명 도서출판 풀빛 | **제조국명** 대한민국 | **전화번호** 02-363-5995
주소 서울특별시 강서구 양천로 583 우림블루나인 A동 21층 2110호
KC마크는 이 제품이 공통안전기준에 적합하였음을 의미합니다.

종이에 베이거나 긁히지 않도록 조심하세요.
책 모서리가 날카로우니 던지거나 떨어뜨리지 마세요.

지구촌 시대, 세계를 무대로 살아갈 어린이를 위한 책
세계 시민 수업 시리즈

한국출판문화산업진흥원 우수출판콘텐츠 선정도서
세종도서 교양부문 선정도서
국제앰네스티 한국지부 추천도서

세계 시민 수업 ❶
난민
왜 목숨 걸고 국경을 넘을까?
난민들이 목숨을 걸고 국경을 넘는 이유를 배우고, 난민들이 어떻게 살아가는지를 알아봅니다. 미래의 희망인 난민 아이들의 삶은 뭉클한 감동을 줍니다.
박진숙 글 | 소복이 그림 | 104쪽

세계 시민 수업 ❷
석유 에너지
전쟁을 일으키는 악마의 눈물
석유는 생활을 편리하게 해 주지만, 환경 오염과 전쟁을 일으키는 무서운 에너지이기도 합니다. 석유를 둘러싼 다양한 문제를 극복할 수 있는 지혜를 배웁니다.
이필렬 글 | 안은진 그림 | 120쪽

세계 시민 수업 ❸
식량 불평등
남아도는 식량, 굶주리는 사람들
전 세계에 식량이 충분한데 10억 명이 굶주림에 시달립니다. 힘센 나라와 거대 기업이 일으키는 문제를 배우고, 우리의 먹거리를 어떻게 지켜 나갈지 알아봅니다.
박병상 글 | 권문희 그림 | 104쪽

세계 시민 수업 ❹
아동 노동
세계화의 비극, 착취당하는 어린이들
전 세계 어린이 중 10퍼센트가 학교 대신 일터로 나가고 있는 충격적인 아동 노동 문제를 알리고, 아동 노동을 없애는 구체적인 방법을 소개합니다.
공윤희·윤예림 글 | 윤봉선 그림 | 132쪽

세계 시민 수업 ❺
환경 정의
환경 문제는 누구에게나 공평할까?
지구 온난화, 기후 변화, 생물종 멸종 등 지구에서 벌어지고 있는 환경 문제를 환경 정의의 눈으로 살피고, 지속 가능한 삶을 위한 대안을 알아봅니다.
장성익 글 | 이광익 그림 | 120쪽

세계 시민 수업 ❻
빈곤
풍요의 시대, 왜 여전히 가난할까?
전 세계가 함께 해결해야 할 빈곤. 아무리 열심히 일해도 가난에서 벗어나지 못하는 이들의 이야기를 살피고, 빈곤을 없애기 위해 해결해야 할 것이 무엇인지 알아봅니다.
윤예림 글 | 정문주 그림 | 136쪽

세계 시민 수업 ❼
혐오와 인권
혐오 표현이 왜 문제일까?
우리 사회에 만연한 '혐오 표현'을 통해 '혐오'가 무엇인지 살핍니다. 혐오로부터 시작되는 차별, 그로 인한 갈등과 폭력, 혐오가 일으키는 문제와 대안을 알아봅니다.
장덕현 글 | 윤미숙 그림 | 120쪽

세계 시민 수업 ❽
평화
평화를 빼앗긴 사람들
우리나라 1호 평화학 박사인 정주진 작가는 평화를 빼앗긴 사람들의 삶에 초점을 맞춰 평화가 무엇인지, 평화를 방해하는 것이 무엇인지 알려 줍니다.
정주진 글 | 이종미 그림 | 136쪽

세계 시민 수업 ❾
다문화 사회
다양성을 존중하는 우리
한민족과 다문화 사회에 대한 우리 안의 편견을 알아봅니다. 다양한 문화를 존중하는 사회가 모두가 살기 좋은 사회라는 것을 깨달을 것입니다.
윤예림 글 | 김선배 그림 | 128쪽

세계 시민 수업 ❿
세계 시민
참여와 실천으로 세상을 바꾸다
세계화의 양면을 알려 주며, 모두를 위협할 수 있는 세계화의 그늘 속에서 우리가 어떤 선택을 하고 어떤 가치관을 품어야 할지 이야기합니다.
장석익 글 | 오승민 그림 | 132쪽